DÉCISION MINISTÉRIELLE

DU 17 JANVIER 1895

DÉTERMINANT LA

TENUE DE CAMPAGNE

(OFFICIERS ET TROUPES)

<table>
<tr><td>PARIS
11, Place Saint-André-des-Arts.</td><td>LIMOGES
46, Nouvelle Route d'Aixe, 46.</td></tr>
</table>

Henri CHARLES-LAVAUZELLE

Éditeur militaire.

—

1895

DÉCISION MINISTÉRIELLE

DU 17 JANVIER 1895

DÉTERMINANT LA

TENUE DE CAMPAGNE

(OFFICIERS ET TROUPES)

PARIS
11, Place Saint-André-des-Arts.

LIMOGES
46, Nouvelle Route d'Aixe, 46.

Henri CHARLES-LAVAUZELLE

Éditeur militaire.

1895

MARÉCHAUX DE FRANCE, GÉNÉRAUX DE DIVISION ET DE BRI-
GADE, INTENDANTS GÉNÉRAUX ET MÉDECIN INSPECTEUR GÉ-
NÉRAL, INTENDANTS MILITAIRES, MÉDECINS ET PHARMACIEN
INSPECTEURS. (*Activité, disponibilité et cadre de réserve.*)

DÉSIGNATION DE LA TENUE.	COMPOSITION DES TENUES.	OBSERVATIONS.
Tenue de campagne.	Képi. Dolman-pelisse. Culotte de drap avec bottes (1 et 2). Manteau et collet à capuchon de drap ou de caoutchouc. Sabre ou épée avec fourreau en acier nickelé. Dragonne de cuir. Revolver (3). Gants de couleur (4). Jumelle. *Harnachement.* Bride complète en cuir fauve. Selle en cuir fauve et sacoches avec sabots de métal. Couvre-sacoches en peau de tigre avec galon garance. Tapis en drap garance Bissac de campagne (5). Musette-mangeoire.	(1) **Jambières de drap et pantalon.** — L'usage de la culotte avec jambières de drap et celui du pantalon sont autorisés dans les mêmes circonstances qu'en temps de paix. (2) **Jambières de cuir.** — Les officiers généraux et assimilés sont autorisés à faire usage de jambières en cuir noir avec des brodequins et des éperons à la chevalière. (3) Porté dans son étui ou placé dans les sacoches. (4) En peau de chien de nuance rouge brun. (5) L'usage du bissac est facultatif. NOTA. — Les officiers généraux attachés au service d'état-major portent, en outre des aiguillettes, le brassard distinctif du service ainsi que l'insigne spécial déterminé pour le collet à capuchon.

OFFICIERS SANS TROUPE. (Service d'état-major, corps et services particuliers.)

DÉSIGNATION DES CORPS OU SERVICES.

DÉSIGNATION DES EFFETS OU OBJETS.	SERVICE D'ÉTAT-MAJOR. 1° Officiers hors cadre du service d'état-major et attachés militaires.	SERVICE D'ÉTAT-MAJOR. 2° Officiers brevetés ou non, détachés dans le service d'état-major et officiers d'ordonnance.	Corps du contrôle de l'administration de l'armée.	Corps de l'Intendance. (Intendants généraux et intendants militaires exceptés.)	Corps de santé. (Médecins et pharmaciens, à l'exception de l'inspecteur général et des inspecteurs.)	Vétérinaires militaires.	Archivistes des bureaux de l'état-major.	Officiers d'administration du service de l'intendance, et du serv. de santé officiers d'administration et adjudants du service de la justice militaire.	Interprètes militaires.	OBSERVATIONS CONCERNANT LE PORT DE CERTAINS EFFETS OU OBJETS.
	Tenue de campagne de l'arme ou de la subdivision d'arme à laquelle appartient l'officier. (Le numéro du corps, la grenade et les attributs distinctifs de chaque arme sont remplacés par des foudres au collet.) Ces officiers portent, en outre des aiguillettes, le brassard distinctif du service d'état-major ainsi que l'insigne spécial déterminé pour le collet à capuchon.	Tenue de campagne des officiers montés du corps auquel ils appartiennent. Ces officiers portent, en outre des aiguillettes, le brassard distinctif du service d'état-major ainsi que l'insigne spécial déterminé pour le collet à capuchon.	Les contrôleurs chargés de missions portent les tenues du matin et du jour du temps de paix.	Képi. Vareuse. Culotte de drap avec bottes. Manteau et collet à capuchon de drap ou de caoutchouc. Revolver et son étui. Epée ou sabre avec dragonne de cuir. Gants de couleur.	Képi. Vareuse. Culotte de drap avec bottes (pour les médecins montés). Pantalon de drap et bottes ou brodequins (pour les médecins et pharmaciens non montés). Manteau et collet à capuchon de drap ou de caoutchouc. Revolver et son étui. Epée avec dragonne de cuir (pharmaciens), sabre avec dragonne de cuir (médecins). Gants de couleur. Giberne avec trousse.	Képi. Vareuse. Culotte de drap avec bottes. Manteau et collet à capuchon de drap ou de caoutchouc. Revolver et son étui. Sabre avec dragonne de cuir. Gants de couleur.	Képi. Vareuse. Pantalon de drap. Bottes ou brodequins. Capote et collet à capuchon de drap ou de caoutchouc. Revolver et son étui. Epée sans dragonne. Gants de couleur.	Képi. Vareuse. Culotte de drap avec bottes pour les officiers non montés et les adjudants de la justice militaire. Manteau et collet à capuchon de drap ou de caoutchouc. Revolver et son étui. Epée sans dragonne (sabre sans dragonne pour les adjudants de la justice militaire). Gants de couleur.	Képi. Chéchia facultative pour les interprètes israélites ou musulmans. Dolman. Pantalon de drap avec bottes ou brodequins pour les officiers non montés et les adjudants de la justice militaire (bottes avec éperons pour les interprètes montés). Manteau et collet à capuchon de drap ou de caoutchouc. Revolver et son étui. Sabre avec dragonne en poil de chèvre. Gants de couleur.	1° **Brassard de la convention de Genève.** — Le personnel neutralisé du service de santé (médecins, pharmaciens, officiers d'administration, aumôniers et officiers du train des équipages attachés à ce service) reçoit un brassard de la convention de Genève. 2° **Brodequins.** — Le port en est autorisé pour les officiers ou assimilés et les employés militaires non montés. 3° **Capote ou manteau et collet à capuchon.** — La capote est portée en sautoir par les officiers et assimilés et les employés militaires non montés; à cheval, le manteau est roulé en deux parties et placé en arrière du troussequin de la selle; le collet mobile sur les sacoches. Les officiers du service d'état-major (attachés militaires exceptés) portent sur le devant du collet mobile l'insigne distinctif de leur fonction. 4° **Dolman, tunique ou vareuse.** — Les officiers et assimilés et les employés militaires non montés autorisés à porter un col blanc avec une cravate en soie noire, au lieu du col blanc fixé à la doublure du collet de l'effet. 5° **Gants de couleur.** — En peau de chien de nuance rouge-brun. 6° **Jambières et pantalon.** — L'usage de la culotte avec jambières de drap et celui du pantalon sont autorisés pour les officiers ou assimilés et les employés militaires montés dans les mêmes circonstances qu'en temps de paix. Les officiers ou assimilés et les employés montés ou non montés sont autorisés à faire usage de jambières en cuir noir avec des brodequins munis d'éperons à la chevalière pour ceux de ces officiers ou employés qui sont montés. 7° **Jumelle.** — L'usage de la jumelle est obligatoire pour les officiers et assimilés. Il est facultatif pour les employés militaires. 8° **Munitions.** — Les officiers ou assimilés et les employés militaires emportent en campagne 18 cartouches de revolver; ils placent 12 cartouches dans l'étui de revolver et les 6 autres à la charge du cheval ou dans la caisse à bagages. 9° **Porte-cartes.** — Les officiers de toutes armes employés dans le service d'état-major, les officiers d'ordonnance, les fonctionnaires chefs de l'intendance et les médecins chefs de service, font usage d'un porte-cartes placé sur le côté droit du ceinturon ou sur les sacoches. 10° **Sacoche.** — Les officiers ou assimilés et les employés militaires non montés sont autorisés à faire usage d'une sacoche pouvant se porter indifféremment soit en bandoulière, soit sur le dos comme le havresac. 11° **Paquet de pansement.** — Les officiers ou assimilés et les employés militaires doivent toujours porter, en cas de guerre, un paquet individuel de pansement.

NOTA. — Les dispositions du présent tableau ne sont pas applicables aux officiers des état-majors particuliers de l'artillerie et du génie dont les tenues sont indiquées dans les tableaux de ces armes.

HARNACHEMENT

OFFICIERS OU ASSIMILÉS, EMPLOYÉS MILITAIRES MONTÉS.

Selle et bride complètes.
Baudrier porte-sabre.
Tapis.
Couverture placée sous le tapis.
Étui porte-avoine.
Bissac de campagne.
Musette-mangeoire.

INFANTERIE ET AUTRES TROUPES A PIED (*armée active et armée territoriale*).
1º Officiers et chefs de musique ; adjudants et assimilés.

DÉSIGNATION DES EFFETS OU OBJETS	OBSERVATIONS.
Infanterie, chasseurs à pied, zouaves et tirailleurs algériens. **Officiers montés.** Képi. Tunique ample (1). Culotte de drap avec bottes (2). Gants de couleur (3). Capote et collet à capuchon (de drap ou de caoutchouc) (4). Revolver et son étui (5). Sabre avec dragonne de cuir. Jumelle d'un modèle facultatif. *Harnachement.* Selle et bride complètes. Baudrier porte-sabre. Tapis. Couverture placée sous le tapis. Etui porte-avoine. Bissac de campagne. Musette-mangeoire. **Officiers non montés et chefs de musique ; adjudants et assimilés (sous-chefs de musique, adjudants élèves d'administration).** Képi. Tunique ample (1). Vareuse p. les élèves d'adm^{on} Pantalon de drap (2). Brodequins ou bottes. Gants de couleur (3). Capote et collet à capuchon (de drap ou de caoutchouc) (4). Revolver et son étui (5). Sabre avec dragonne de cuir (en soie pour les chefs de musique) (6). Sacoche (7). Jumelle d'un modèle facultatif (8). **Officiers indigènes des tirailleurs algériens.** Chéchia sans turban. Veste avec gilet de petite tenue. Pantalon de drap avec bottes du modèle spécial à ces officiers. Gants de couleur (3). Ceinture de laine. Caban à capuchon. Revolver et son étui (5). Sabre avec dragonne de cuir. Sacoche (7). Jumelle d'un modèle facultatif.	(1) Tous les officiers et adjudants des corps de troupe d'infanterie dans lesquels la troupe fait usage de la capote portent obligatoirement, *en campagne seulement*, la capote en drap gris de fer blouté du modèle de la troupe, soit par-dessus la tunique ample, soit sans celle-ci. Ils portent ce dernier effet dans toutes les circonstances où la troupe est revêtue de la veste. (2) **Jambières.** — Les officiers montés ou non montés et les adjudants sont autorisés à porter, soit à cheval, soit à pied, avec la culotte ou le pantalon, des jambières en cuir noir avec des brodequins. Ces chaussures sont munies d'éperons à la chevalière pour les officiers montés. Les mêmes officiers et adjudants sont autorisés à faire usage avec la culotte, en dehors du service et dans tout service à pied où le pantalon d'ordonnance peut être porté, de jambières en drap simulant le bas du pantalon. (3) En peau de chien de nuance rouge brun. (4) **Capote et Collet.** — Les officiers et adjudants pourvus d'une capote du modèle de la troupe ne font pas usage en campagne de la capote en drap bleu foncé ; ils emportent le collet à capuchon en drap bleu foncé ou en caoutchouc ; ils peuvent aussi faire usage de la capote en caoutchouc. La capote ou le collet à capuchon est porté en sautoir par les officiers non montés et les adjudants ; à cheval, la capote est roulée contre le troussequin de la selle sur le prolongement mobile, le collet à capuchon sur les sacoches. (5) Les officiers et les adjudants emportent en campagne 18 cartouches de revolver ; ils placent 12 cartouches dans l'étui de revolver et les 6 autres dans la charge du cheval ou dans la caisse à bagages. (6) Les adjudants élèves d'administration portent l'épée à fourreau d'acier sans dragonne. (7) Les officiers non montés, les chefs de musique et les adjudants ou assimilés sont autorisés à faire usage d'une sacoche pouvant se porter indifféremment, soit en bandoulière, soit sur le dos comme le havresac. (8) L'usage de la jumelle est facultatif pour les adjudants et assimilés. NOTA. — Le sifflet est emporté par les commandants de compagnie. Les officiers sont autorisés à porter un col blanc avec une cravate en soie noire, au lieu du col blanc fixé à la doublure du collet de l'effet. Les officiers, les chefs de musique, les adjudants et assimilés (sous-chefs de musique et adjudants élèves d'administration) doivent toujours porter, en cas de guerre, un paquet individuel de pansement. *Officiers de chasseurs alpins.* — En sus des effets ou objets ci-dessus, les officiers des chasseurs alpins sont autorisés à porter sous la tunique ample ouverte un gilet en drap bleu foncé avec boutons métalliques. Ils peuvent faire usage de bandes molletières du modèle de la troupe aux lieu et place des jambières. Ils portent *obligatoirement* en campagne, *facultativement* dans les manœuvres alpines du temps de paix, le béret du modèle de la troupe. Ils doivent être munis d'une canne ferrée et d'une boussole-breloque.

DÉSIGNATION des EFFETS OU OBJETS.	Infanterie et chasseurs à pied.		Zouaves et tirailleurs algériens.		SECTION de commis et ouvriers militaires d'administration.		d'infirmiers militaires.		de Secrétaires d'état-major.	
	H	P	H	P	H	P	H	P	H	P
Habillement.										
Plaque d'identité avec cordon ..	1	»	1	»	1	»	1	»	1	»
Bandes molletières pour chasseurs alpins........	1	»	»	»	»	»	»	»	»	»
Bâton ferré pour chasseurs alpins	1	»	»	»	»	»	»	»	»	»
Bourgeron de toile........	»	»	»	1	»	1(1)	»	»	»	»
Capote.............	1	»	»	»	1	»	1	»	1	»
Collet à capuchon........	»	»	»	1	»	»	»	»	»	»
Ceinture de flanelle........	1	»	1	»	1	»	1	»	1	»
Ceinture de laine	1(2)	»	1	»	»	»	»	»	»	»
Gilet de zouaves et de tirailleurs...........	»	»	1	»	»	»	»	»	»	»
Guêtres jambières de drap.	»	»	1	»	»	»	»	»	»	»
Jersey pour les chasseurs alpins.................	1	»	»	»	»	»	»	»	»	»
Manteau (A).............	»	»	»	»	»	»	»	»	»	»
Manteau à capuchon (attribué aux chasseurs alpins en remplacement de la capote).........	1	»	»	»	»	»	»	»	»	»
Pantalon de cheval (A) ...	»	»	»	»	»	»	»	»	»	»
Pantalon de drap..........	1	»	1(3)	»	1	»	1	»	1	»
Tunique n° 1 (A)...	»	1(4)	»	»	»	1(4)	»	1(4)	»	1(4)
Vareuse-dolman (attribuée aux chasseurs alpins en remplacement de la veste)............	1	»	»	»	»	»	»	»	»	»
Veste (A)..............	»	1(5)	1	»	»	1(5)	»	1(5)	»	1(5)
Coiffure.										
Chécbia avec gland........	»	»	1	»	»	»	»	»	»	»
Képi ou béret pour chasseurs alpins........	1	»	»	»	1	»	1	»	1	»
Gd équipement.										
Bretelle de carabine (6)...	»	»	»	»	1	»	1(7)	»	1	»
Bretelle de fusil..........	1(8)	»	1(8)	»	»	»	»	»	»	»
Bretelle de suspension....	1(8)	»	»	»	»	»	»	»	»	»
Cartouchière (ou poche à cartouches ou giberne)..	3(8)	»	2(8)	»	1(6)	»	1(6)(7)	»	1(6)	»
Ceinturon avec porte-épée..	1(9)	»	1(9)	»	»	»	»	»	»	»
Ceinturon avec porte-sabre	»	»	»	»	1(9)	»	1(9)	»	1(9)	»
Dragonne de sabre..........	1(10)	»	1(10)	»	1(10)	»	1(10)	»	1(10)	»
Etui de revolver (avec lanière pour les sergents-majors chefs artificiers et les conducteurs de caissons de munitions (11)(A)	1	»	1	»	1	»	1	»	1	»
Havresac (12)	1	»	1	»	1	»	1	»	1	»

OBSERVATIONS.

H. Sur l'homme.
P. Dans son paquetage.

(1) Pour les caporaux et soldats du service d'exploitation seulement.

(2) Pour les chasseurs alpins.

(3) Sur l'homme ou dans le paquetage suivant l'ordre donné.

(4) Pour les caporaux fourriers et tous les sous-officiers d'infanterie et des diverses sections, sans distinction de catégories.

(5) Excepté les caporaux fourriers et tous les sous-officiers d'infanterie et des diverses sections, sans distinction de catégories.

(6) Excepté les sergent-majors qui sont tous armés du revolver.

(7) Si la puissance contre laquelle on opère n'a pas signé la convention de Genève, les infirmiers militaires sont armés et équipés comme les ouvriers d'administration; dans le cas contraire, les infirmiers militaires (sergents-majors exceptés) ne sont armés que du sabre série Z.

(8) A l'exception des militaires armés du revolver (renvoi 11) et de ceux énumérés au premier alinéa du renvoi 22. Les infirmiers régimentaires reçoivent deux cartouchières d'infirmerie.

Ne sont pas pourvus de bretelles de suspension et ne reçoivent que deux cartouchières :
1° Les régiments territoriaux ;
2° Dans les corps actifs et de réserve, les sous-officiers, les caporaux fourriers, les sections hors rang, les petits états-majors de régiment et de bataillon.

Ne reçoivent ni cartouchières ni bretelles de suspension :
1° Les hommes qui sont armés du revolver et du sabre d'adjudant, c'est-à-dire les sergents-majors, les tambours-majors, les sergents-majors clairons, les sergents-majors vaguemestres, les sergents-majors chefs artificiers, les médecins auxiliaires ;
2° Ceux qui sont armés du revolver et du sabre série Z : les caporaux tambours et les tambours ;
3° Ceux qui sont armés du revolver seul : les sergents artificiers, les conducteurs de caissons de munitions, les soldats pourvoyeurs de munitions, les soldats ordonnances des officiers appartenant à des régiments et qui sont employés dans les états-majors, ceux des officiers supérieurs brevetés ou non et ceux des officiers et assimilés pourvus de deux chevaux à la mobilisation, à l'exception des ordonnances des médecins ;
4° Ceux qui n'emportent que le sabre série Z : les ordonnances des médecins, les conducteurs de voitures médicales ou de mulets porteurs de cantines médicales, les infirmiers régimentaires.

(9) Les militaires énumérés au renvoi 10 portent le ceinturon en cuir verni. Le porte-fourreau du sabre est substitué au porte-épée pour les militaires énumérés au premier alinéa du renvoi 22.

(10) Pour les sergents-majors, les tambours-majors, les sergents-majors clairons, les sergents-majors vaguemestres, les sergents-majors chefs artificiers et les médecins auxiliaires.

(11) Les militaires énumérés au renvoi 10 ainsi que les sergents artificiers, les caporaux tambours, les conducteurs de caissons de munitions, les soldats pourvoyeurs de munitions, les soldats ordonnances énumérés à la page 13 (excepté ceux des médecins qui n'emportent que le sabre) et les tambours sont armés du revolver.

(12) Les sergents-majors et les sergents rengagés portent le havresac en campagne. Les infirmiers régimentaires reçoivent un havresac d'infirmerie.

(13) Dans l'infanterie, 3 jeux de brosses et 3 boîtes à graisse par escouade (l'effectif de guerre est de 14 hommes et 1 caporal); dans les sections une collection par groupe de 5 hommes dans les détachements constitués et une collection par homme pour ceux qui doivent opérer individuellement, y compris les ordonnances montés d'officiers sans troupe.

(14) Les militaires isolés reçoivent un *nécessaire individuel de campement* ou remplacement de la gamelle individuelle et des ustensiles collectifs.

(15) 4 marmites et 2 gamelles par escouade; 1 marmite pour 4 hommes et 1 gamelle pour 8 hommes dans les sections.

(16) Pour 8 hommes dans les sections et 1 hachette par escouade dans l'infanterie, à l'exception des escouades déjà pourvues, au titre des outils portatifs, d'une hachette à main. (Renvoi 27.)

DÉSIGNATION des EFFETS OU OBJETS	Infanterie et chasseurs à pied. H	P	Zouaves et tirailleurs algériens. H	P	SECTIONS — de commis ou ouvriers militaires d'administration. H	P	SECTIONS — d'infirmiers militaires. H	P	SECTIONS — de secrétaires d'état-major. H	P
Petit équipement. Bretelles (paire) (A)	1	»	»	»	1	»	1	»	1	»
Brodequins (paire) (A)	1	»	»	»	1	»	1	»	1	»
Caleçon	1	»	1	»	1	»	1	»	1	»
Calotte de coton	»	1	»	1	»	1	»	1	»	1
Chemise (A)	1	1	1	1	1	1	1	1	1	1
Courroie de capote ou de manteau (A)	»	1	»	1	»	1	»	1	»	1
Cravate (A)	1	»	»	»	1	»	1	»	1	»
Effets de pansage (a) — Brosse en crin	»	»	»	»	»	»	»	»	»	»
Ciseaux	»	»	»	»	»	»	»	»	»	»
Corde à fourrages	»	»	»	»	»	»	»	»	»	»
Éponge	»	»	»	»	»	»	»	»	»	»
Étrille	»	»	»	»	»	»	»	»	»	»
Musette de pansage	»	»	»	»	»	»	»	»	»	»
Effets de petite monture — Brosses — Boîte à graisse	»	1(13)	»	1(13)	»	1(13)	»	1(13)	»	1(13)
Brosses d'armes	»	1(13)	»	1(13)	»	1(13)	»	1(13)	»	1(13)
Brosses à habits	»	1(13)	»	1(13)	»	1(13)	»	1(13)	»	1(13)
Brosses double à chaussures	»	1(13)	»	1(13)	»	1(13)	»	1(13)	»	1(13)
Cuiller	»	1	»	1	»	1	»	1	»	1
Trousse garnie sans glace	»	1	»	1	»	1	»	1	»	1
Étui musette	1	»	1	»	1	»	1	»	1	»
Gamelle individuelle (14)	»	1	»	1	»	1	»	1	»	1
Guêtres de toile (paire) (A)	»	1	»	»	»	1	»	1	»	1
Guêtres jambières de toile (paire)	»	»	»	1	»	»	»	»	»	»
Livret individuel	»	1	»	1	»	1	»	1	»	1
Morceau de savon	»	1	»	1	»	1	»	1	»	1
Mouchoir	1	1	1	1	1	1	1	1	1	1
Pantalon de toile pour zouaves et tirailleurs algériens	»	»	»	1(3)	»	»	»	»	»	»
Pantalon de treillis (A)	»	»	»	»	»	1(1)	»	»	»	»
Quart	1	»	1	»	1	»	1	»	1	»
Souliers (paire) (A)	»	1	1	1	»	1	»	1	»	1
Sous-pieds de rechange pour guêtres ou pantalon de cheval (paire) (A)	»	1	»	1	»	1	»	1	»	1
Campement. (c). Gamelle de campement (15)	»	1	»	1	»	1	»	1	»	1
Hachette	»	1(16)	»	1(16)	»	1(16)	»	1(16)	»	»
Marmite de campement (15)	»	1	»	1	»	1	»	1	»	1
Moulin à café (17)	»	1	»	1	»	1	»	1	»	1

OBSERVATIONS.

H. Sur l'homme.
P. Dans son paquetage.

(17) 1 pour deux escouades ou 1 par groupe de 13 hommes dans les sections.

(18) 2 par escouade ou 1 pour 8 hommes dans les sections. Un sac par groupe d'isolés des quartiers généraux et des états-majors et services de formation de campagne comprenant au moins 4 hommes.

(19) 2 seaux par escouade pour toutes les troupes pourvues du matériel de campement actuellement en usage (ustensiles à quatre et nécessaire individuel de campement).

1 seau en toile par groupe de 4 hommes ou moins de 4 hommes aux isolés des quartiers généraux et des états-majors et services de formation de campagne.

Chaque ordonnance monté d'officier sans troupe reçoit un seau en toile.

(20) 1 seau pour 8 hommes dans les sections, dans les conditions indiquées pour l'infanterie.

(21) 4 par escouade plus 1 à chaque sergent et fourrier dans l'infanterie ; 1 pour 8 hommes dans les sections.

NOTA. — Les hommes des états-majors de régiment ou de bataillon sont traités, au point de vue des allocations prévues aux articles 13, 15, 16, 17, 18, 19, 20 et 21 ci-dessus, dans les mêmes conditions que les sections.

(22) Les tambours, les musiciens, les infirmiers régimentaires, les ordonnances des médecins et les conducteurs de voitures médicales ou de mulets porteurs de cantines médicales sont pourvus du sabre série Z, sauf les exceptions suivantes :

1° Les infirmiers des régiments de zouaves d'Afrique sont armés du fusil ;

2° Si la puissance contre laquelle on opère n'a pas signé la convention de Genève, les militaires ci-après désignés, *appartenant aux troupes d'Afrique (éléments d'Algérie)*, sont armés et équipés comme les hommes non montés du corps auquel ils appartiennent : ordonnances des médecins, conducteurs de voitures médicales ou de mulets porteurs de cantines médicales, infirmiers régimentaires.

Les conducteurs de caissons de munitions et les ordonnances des officiers supérieurs n'ont pas le sabre.

(23) Excepté les militaires armés du *revolver* (renvoi 11) ainsi que ceux énumérés au renvoi 22.

	EMPAQUETAGE MODÈLE 1886.	EMPAQUETAGE MODÈLE 1879-83.
(24) Corps actifs et de réserve { Caporaux et soldats...	120 cartouches.	»
Corps territoriaux { Caporaux et soldats...	112 cartouches.	78 cartouches.
Sous-officiers et caporaux fourriers, petits états-majors de régiment et de bataillon et de section hors rang...	56 cartouches.	39 cartouches.

Les paquets de cartouches sont répartis entre les différents objets de grand équipement en service dans le corps. On n'en met dans le havresac qu'à défaut de place dans les autres effets.

(25) Une boîte pour 2 hommes.

(26) Par cheval. Un harnachement pour le sergent-major chef artificier.

(27) Par compagnie, 32 pelles-bêches, 8 pioches, 4 pics, 3 haches et 1 scie articulée, en sus des 13 hachettes indiquées au renvoi 16.

Dans chaque bataillon, le sergent artificier reçoit une scie articulée ; l'un des pourvoyeurs reçoit une hache portative et l'autre une serpe.

(A) Les sergents-majors chefs artificiers et les conducteurs de caissons (infanterie et chasseurs à pied) reçoivent des effets d'hommes montés : manteaux (sans écussons à numéros) et pantalons de cheval à l'uniforme du train des équipages militaires ou des chasseurs à pied, brodequins éperonnés, étui et lanière de revolver, bretelles de pantalon pour hommes montés, sous-pieds de pantalon de cheval (avec une paire de rechange), tunique (pour les sergents-majors) ou veste (pour les conducteurs). Ces conducteurs reçoivent, en outre, une paire de souliers et de guêtres de toile comme chaussures de repos, une paire de sous-pieds de guêtres de rechange, un pantalon de treillis et un bourgeron ; toutefois, les conducteurs de caissons légers à munitions des bataillons de chasseurs alpins reçoivent un pantalon d'ordonnance avec bandes molletières, un manteau à capuchon et des brodequins avec éperons à la chevalière en remplacement du pantalon de cheval, du manteau de cavalerie et des brodequins éperonnés.

Les conducteurs de caissons à munitions des zouaves et des tirailleurs sont habillés en hommes montés du train des équipages ; ils reçoivent deux chemises à col, une cravate, un pantalon de treillis, un bourgeron et une courroie de capote.

DÉSIGNATION des EFFETS OU OBJETS.	Infanterie et chasseurs à pied.		Zouaves et tirailleurs algériens.		de commis et ouvriers militaires d'administration.		SECTIONS d'infirmiers militaires.		de secrétaires d'état-major.	
	H	P	H	P	H	P	H	P	H	P
Campement. (c) (Suite.) — Petit bidon de 1 litre (2 litres en Afrique) avec courroie et enveloppe	1	»	1	»	1	»	1	»	1	»
Sac à distribution (18)	»	1	»	1	»	1	»	1	»	1
Sachets pour vivres de réserve	»	2	»	2	»	2	»	2	»	2
Seau en toile	»	1(19)	»	1(19)	»	1(20)	»	1(20)	»	1(20)
Armement. — Carabine avec sabre-baïonnette (6)	»	»	»	»	1	»	1(7)	»	1	»
Fusil avec épée-baïonnette	1(8)	»	1(8)	»	»	»	»	»	»	»
Nécessaire d'armes	»	1(24)	»	1(24)	»	1(24)	»	1(7)(24)	»	1(21)
Revolver (11) (A)	1	»	1	»	1	»	1	»	1	»
Sabre d'adjudant (10)	1	»	1	»	»	»	1	»	1	»
Sabre série Z (A)	1(22)	»	1(22)	»	»	»	1(7)	»	»	»
Munitions. — Paquets de cartouches de carabine (6)	»	»	»	»	3	3	3(7)	3(7)	3	3
Paquets de cartouches de fusil (23)	»(24)	»(24)	»(24)	»(24)	»	»	»	»	»	»
Paquets de cartouches de revolver (11)	2	1	2	1	2	1	2	1	2	1
Deux jours de biscuit	»	1	»	1	»	1	»	1	»	1
Vivres et fourrages. (D) — Deux jours de petits vivres	»	1	»	1	»	1	»	1	»	1
Deux jours de viande de conserve (25)	»	1	»	1	»	1	»	1	»	1
Deux portions de potage condensé	»	1	»	1	»	1	»	1	»	1
Un jour d'avoine (26)	»	1	»	1	»	1	»	1	»	1
Outils portatifs (27)	»	1	»	1	»	»	»	»	»	»
Harnachement. (26) — Couverture	»	»	»	»	»	»	»	»	»	»
Étui porte-avoine	»	»	»	»	»	»	»	»	»	»
Ferrure	»	»	»	»	»	»	»	»	»	»
Musette-mangeoire	»	»	»	»	»	»	»	»	»	»
Selle et bride complètes	»	»	»	»	»	»	»	»	»	»
Surfaix	»	»	»	»	»	»	»	»	»	»
Paquet individuel de pansement (E)	1	»	1	»	1	»	1	»	1	»

OBSERVATIONS.

H. Sur l'homme.
P. Dans son paquetage.

Les conducteurs de voitures régimentaires, de voitures de compagnies, de chevaux haut le pied et de mulets des corps de troupe reçoivent des effets à l'uniforme et l'armement de leur corps. Les conducteurs de ces quatre catégories dans les états-majors reçoivent des effets à l'uniforme d'un des régiments de la brigade ou de la division auxquelles ils sont affectés, mais non pourvus d'écussons à numéros; ils reçoivent, en outre, un bourgeron et un pantalon de treillis.

Les bouchers des corps d'infanterie reçoivent un pantalon de treillis et un bourgeron de toile.

Les tambours emportent l'équipement de tambour complet avec 2 peaux de rechange, l'une de batterie et l'autre de timbre; les tambours-majors et les caporaux-tambours la canne spéciale à ces emplois.

Les clairons emportent leur instrument muni de son cordon (armée active), et de sa courroie (régiments de réserve et régiments territoriaux).

ORDONNANCES.

Soldats ordonnances des fonctionnaires de l'intendance, des médecins autres que ceux des corps de troupe, des officiers d'administration morts. — Reçoivent, en principe, les mêmes effets à l'uniforme du train que les conducteurs de caissons à munitions d'infanterie, ou, à défaut, des effets spéciaux d'hommes munis à l'uniforme de la cavalerie ou de l'artillerie, une collection d'effets de pansage et un sac à avoine.

Soldats ordonnances des officiers brevetés ou non, appartenant à des régiments et qui, à la mobilisation, sont pourvus d'emplois dans les états-majors. — Ordonnances des capitaines d'infanterie détachés dans le service d'état-major et en particulier au ministère de la guerre. — Les soldats ordonnances, appartenant à des troupes à pied, sont habillés et équipés comme les conducteurs de caissons à munitions; ceux appartenant aux troupes à cheval prennent la tenue de campagne de leur arme, avec le képi. — Les ordonnances des officiers des régiments du génie reçoivent l'habillement et l'équipement des sapeurs-conducteurs du génie (sauf le ceinturon et la dragonne). Les soldats ordonnances des trois catégories ci-dessus reçoivent l'armement affecté aux ordonnances de l'escadron du train dans lequel ils sont versés, une collection d'effets de pansage et un sac à avoine.

Soldats ordonnances des colonels, lieutenants colonels d'infanterie, des officiers supérieurs brevetés ou non et des officiers ou assimilés pourvus de deux chevaux à la mobilisation. — Reçoivent la tenue des conducteurs de caissons à munitions et une collection d'effets de pansage, y compris le sac à avoine, un pantalon de treillis et un bourgeron.

Les ordonnances des officiers énumérés dans les trois alinéas ci-dessus reçoivent le revolver, à l'exclusion du sabre; par exception, ceux des médecins ne portent que le sabre.

La tenue des médecins et pharmaciens auxiliaires, déterminée par la décision ministérielle du 19 mai 1886 et le règlement du 7 juillet 1887, se compose d'effets pourvus d'attributs spéciaux et à l'uniforme soit du corps auquel ils sont affectés, soit des sections d'infirmiers, s'ils sont attachés à un hôpital, à une ambulance ou bien affectés à des régiments de zouaves ou de tirailleurs.

Il est délivré un brassard : 1° aux conducteurs de caissons de munitions dans les régiments de zouaves et de tirailleurs algériens; 2° aux conducteurs de voitures, de chevaux haut le pied et de mulets des corps de troupe et des états-majors; 3° aux infirmiers régimentaires, aux médecins auxiliaires, aux infirmiers des sections, aux conducteurs des voitures médicales régimentaires et des mulets porteurs de cantines médicales, aux soldats ordonnances des médecins et aux brancardiers d'ambulance (ce brassard, qui est celui de la convention de Genève, confère la neutralité à cette catégorie de militaires); 4° aux brancardiers régimentaires (ce dernier brassard ne confère pas la neutralité).

(B) *Effets de pansage.* — Les conducteurs de caissons à munitions et les conducteurs de voitures et de mulets des différents corps ou services reçoivent une collection d'effets de pansage, un sac à avoine et un fouet. Il en est de même pour les conducteurs de chevaux haut le pied, à l'exception du fouet.

(C) Dans certains cas, les troupes sont pourvues de couvertures de campement et de sacs-tentes-abris avec accessoires.

(D) Non compris 2 jours de pain, 2 jours de petits vivres et 1 jour d'avoine emportés au départ au titre des vivres de débarquement, et le foin et l'avoine également emporté au départ pour la nourriture des chevaux pendant leur transport en chemin de fer.

(E) Chaque homme de troupe doit toujours, en cas de guerre, être porteur d'un *paquet individuel de pansement* placé dans la poche intérieure spéciale de la capote ou de la veste pour les zouaves et les tirailleurs; dans une des poches intérieures de la vareuse-dolman pour les chasseurs alpins.

NOTA. — Tous les effets qui ne figurent pas au nombre de ceux que la troupe doit emporter en campagne sont laissés en magasin.

La présente décision est applicable aux troupes d'Afrique appelées en Europe en cas de mobilisation, et la décision ministérielle du 28 mars 1884 (B. O., P. R.) aux troupes restant en Afrique.

CAVALERIE.

(ARMÉE ACTIVE ET ARMÉE TERRITORIALE.)

1° Officiers.

Régiments de cavalerie de France, cavaliers de remonte, chasseurs d'Afrique, spahis.

DÉSIGNATION DES EFFETS OU OBJETS	OBSERVATIONS.
Officiers des régiments de cavalerie de France, des chasseurs d'Afrique et officiers français des régiments de spahis. Casque, shako ou képi (selon la subdivision d'arme). — Calotte de drap. Dolman ou tunique (selon la subdivision d'arme) (1). Epaulettes ou pattes d'épaules en poil de chèvre (selon la subdivision d'arme). Culotte de drap avec bottes (2). Pantalon avec bottes pour les spahis français. Gants de couleur (3). Manteau de drap ou de caoutchouc. Revolver et son étui (4). Sabre avec dragonne de cuir. Cuirasse pour les cuirassiers. Jumelle d'un modèle facultatif. Porte-cartes (5). Giberne et porte-giberne (pour les spahis français). *Harnachement.* Selle et bride complètes (selle avec calottes de fontes et poitrail pour les spahis français). Tapis. Porte-sabre. Couverture placée sous le tapis. Etui porte-avoine. Musette-mangeoire. Sac de campagne (6).	(1) Les officiers sont autorisés à porter un col blanc avec une cravate en soie noire au lieu du col blanc fixé à la doublure du collet de l'effet. Les officiers de cuirassiers et de dragons font usage, en campagne, des épaulettes avec la tunique. **(2) Jambières et pantalon.** — Le port de jambières en cuir et de brodequins avec éperons à la chevalière est facultatif en remplacement de la botte. L'usage de la culotte avec jambières de drap et celui du pantalon est également facultatif en temps de guerre; celui du pantalon est autorisé dans les mêmes circonstances qu'en temps de paix. (3) En peau de chien de nuance rouge brun. (4) Les officiers emporteront en campagne 18 cartouches de revolver; ils placent 12 cartouches dans l'étui de revolver et les 6 autres dans la charge du cheval ou dans la caisse à bagages. (5) Le porte-cartes est placé sur le côté droit du ceinturon ou sur les sacoches. (6) L'usage du sac est facultatif. Nota. — Le *sifflet* est emporté par les capitaines commandants et les chefs de peloton. Les officiers doivent toujours porter, en cas de guerre, *un paquet individuel de pansement.*
Officiers indigènes des régiments de spahis. Chéchia avec haïck. Gilet. Veste arabe. Pantalon avec bottes et éperons arabes. Ceinture. Gants de couleur (3). Burnous en drap et en laine blanche. Ceinturon en cuir. Giberne et porte-giberne. Sabre avec dragonne. Revolver et son étui. Jumelle d'un modèle facultatif. *Harnachement.* Selle complète avec chemise. Surfaix. Poitrail. Bride complète. Musette-mangeoire.	

2° Troupe.

RÉGIMENTS DE CAVALERIE DE FRANCE ET CHASSEURS D'AFRIQUE (x).

Tenue de campagne.

DÉSIGNATION des effets ou objets.	Cavalier monté.		Cavalier non monté.		Télégraphiste.		Infirmier, porte-sacoches, conducteur de voitures médicales ou de transport des blessés.		Ordonnances du colonel et du lieutenant-colonel.		Conducteur de fourgons. Conducteur de la forge.		Spahis.	
	H	P	H	P	H	P	H	P (s)	H	P (»)	H	P	H	P
HABILLEMENT.														
Plaque d'identité avec cordon..	1	»	1	»	1	»	1	»	1	»	1	»	1	»
Bourgeron (2)........	»	1	»	1	»	1	»	1	»	1	»	1	»	1
Burnous en drap et en laine blanche......	»	»	»	»	»	»	»	»	»	»	»	»	1	»
Ceinture de flanelle..	1	»	1	»	1	»	1	»	1	»	1	»	»	»
Ceinture de laine pour les chasseurs d'Afrique et les spahis.	1	»	1	»	1	»	1	»	1	»	1	»	1	»
Épaulettes (corps qui les portent)......	1	»	1	»	1	»	1	»	1	»	1	»	1	»
Gilet.............	1	»	1	»	1	»	1	»	1	»	1	»	1	»
Manteau..........	»	1	»	1	»	1	»	1	»	1	»	1	»	1
Matelassure de cuirasse..........	1	»	»	»	»	»	»	»	»	»	»	»	»	»
Pantalon de cheval (d'ordonnance pour les spahis) (1).....	1	»	1	»	1	»	1	»	1	»	1	»	1	»
Tunique ou dolman (veste pour les chasseurs d'Afrique et les spahis).....	1	»	1	»	1	»	1	»	1	»	1	»	1	»
COIFFURE														
Calotte de drap (2)..	»	1	»	1	»	1	»	1	»	1	»	1	»	»
Casque, shako ou casquette (selon l'arme).............	1	»	1	»	1	»	1	»	1	»	1	»	»	»
Képi (chéchia avec gland pour les chasseurs d'Afrique et les spahis et turban pour ces derniers)......	»	»	»	»	»	»	»	»	»	»	»	»	1	»
GRAND ÉQUIPEMENT.														
Bretelle de carabine.	1(3)	»	1	»	»	»	»	»	»	»	»	»	»	»
Cartouchière........	1(3)	»	1	»	»	»	»	»	»	»	»	»	1(3)	»
Ceinturon avec bélière	1	»	1	»	1	»	»	»	1	»	»	»	»	»
Dragonne..........	1	»	»	»	1	»	»	»	»	»	»	»	»	»
Étui et lanière de revolver (4)..........	1(3)	»	»	»	1(3)	»	»	»	1(3)	»	»	»	»	»
Giberne et sa banderole..........	»	»	»	»	»	»	»	»	»	»	»	»	1(3)	»
Musette de cuir (remplace le seau en toile).............	»	»	»	»	»	»	»	»	»	»	»	»	»	»

OBSERVATIONS.

H. Sur l'homme.
P. Dans le paquetage.

Les adjudants ont la même tenue que les officiers de leur arme, moins la culotte et les bottes à l'écuyère, qui sont remplacées par le pantalon de cheval et les bottes avec éperons comme en temps de paix. Ils n'ont pas d'étui porte-avoine, mais sont pourvus du sac à avoine.

Les adjudants doivent toujours porter, en cas de guerre, *un paquet individuel de pansement.*

L'usage de la jumelle est facultatif pour les adjudants.

Les médecins auxiliaires attachés aux régiments de cavalerie portent la tenue des sous-officiers du corps avec attributs spéciaux déterminés par la décision ministérielle du 19 mai 1886 et le règlement spécial du 6 avril 1888.

Il est délivré un brassard de la convention de Genève aux infirmiers, aux porte-sacoches, aux conducteurs de voitures médicales ou de transport de blessés et aux soldats ordonnances des médecins.

En cas de guerre avec une puissance n'ayant point adhéré à la convention de Genève, les infirmiers, les porte-sacoches et les conducteurs de voitures médicales devront avoir en plus :

Un étui et une lanière de revolver, un sachet à cartouches, un revolver et 5 paquets de cartouches de revolver.

Un brassard d'un modèle particulier est également délivré aux conducteurs des fourgons.

Les conducteurs de chevaux de main doivent conserver la tenue des cavaliers du rang.

(1) Les cavaliers non montés et les conducteurs de voitures portent le pantalon de cheval ou le pantalon de treillis, suivant la saison.
(2) Galonnés pour les gradés.
(3) À l'exception des sous-officiers, des brigadiers fourriers, du brigadier chargé de l'infirmerie des hommes, des trompettes, des maréchaux ferrants et des aides, des ordonnances du colonel et du lieutenant-colonel, du secrétaire monté du colonel, des télégraphistes, des sapeurs et des élèves-sapeurs, qui sont armés du revolver.
Dans les régiments de cuirassiers, la bretelle n'est donnée qu'aux cavaliers non montés armés de la carabine.
(4) Pour les catégories de militaires énumérées au renvoi 3.
(5) À l'exception des sous-officiers et brigadiers fourriers.
(6) Pour les sous-officiers seulement.

RÉGIMENTS DE CAVALERIE DE FRANCE ET CHASSEURS D'AFRIQUE (A)

DÉSIGNATION des EFFETS OU OBJETS.	Cavalier monté.		Cavalier non monté.		Télégraphiste.		Infirmier, porte-sacoches, conducteur de voitures médicales ou de transport des blessés.		Ordonnances du colonel et du lieutenant-colonel.		Conducteur de fourgons. Conducteur de la forge.		Spahis.	
	H	P	H	P	H	P	H	P (2)	H	P (2)	H	P	H	P
PETIT ÉQUIPEMENT.														
Bottines avec éperons	1	»	1	»	1	»	1	»	1	»	»	»	»	»
Bottes à l'écuyère avec éperons (bottes arabes (mestres) pour les indigènes)	»	»	»	»	»	»	»	»	»	»	»	»	»	»
Bretelles de pantalon	1	»	1	»	1	»	1	»	1	»	1	»	1	»
Caleçons	1	1	1	1	1	1	1	1	1	1	1	1	1	1
Chemises	1	1	1	1	1	1	1	1	1	1	1	1	1	1
Col ou cravate	1	»	1	1	1	»	1	1	1	»	1	1	1	1
Courroie de manteau	»	1	»	»	»	1	»	1	»	1	»	1	»	1
Effets de pansage. Brosse en crin (5)	»	1	»	»	»	1	»	»	»	1	»	1	»	»
Ciseaux	»	1 (6)	»	»	»	»	»	»	»	»	»	»	»	»
Corde à fourrages	»	1	»	1	»	1	»	1	»	1	»	1	»	1
Éponge	»	1	»	»	»	1	»	1	»	1	»	1	»	1
Étrille	»	1 (8)	»	»	»	1	»	1	»	1	»	1	»	1 (5)
Sac à avoine	»	1	»	1	»	1	»	1	»	1	»	1	»	1
Effets de petite monture. Boîte à graisse (7)	»	1	»	1	»	1	»	»	»	1	»	1	»	1
Brosse à habits (7)	»	1	»	1	»	1	»	1	»	1	»	1	»	1
Brosse à laver (7)	»	1	»	1	»	1	»	1	»	1	»	1	»	1
Brosse d'armes (7)	»	1	»	1	»	1	»	»	»	1	»	1	»	»
Cuiller	»	1	1	»	»	1	»	1	»	1	»	1	»	1
Trousse garnie, sans glace (7)	»	1	»	1	1	1	1	1	»	1	»	1	»	1
Étui-musette (8)	1	»	1	»	1	»	1	»	1	»	1	»	1	»
Gamelle individuelle (9)	»	1	1	»	»	1	»	1	»	1	»	1	»	1
Livret individuel	1	»	1	»	1	»	1	»	1	»	1	»	1	»
Morceau de savon	1	1	»	1	»	1	»	1	»	1	»	1	»	1
Mouchoir	1	»	»	1	1	»	1	»	1	»	1	»	1	»
Paires de sous-pieds	1	1	»	2	1	1	1	1	1	1	1	1	1	1
Pantalon de treillis (de toile pour les spahis indigènes)	»	1	»	1 (1)	»	1	»	1 (1)	»	1 (1)	»	1 (1)	»	1
Pompon (selon l'arme)	1	»	1	»	1	»	»	»	»	»	»	»	»	»
Quart	»	»	1	»	1	»	»	»	»	»	»	»	1	»
Sachet à cartouches	»	1	1	»	»	1	»	»	»	»	»	1	»	»
Sifflet et son cordon (10)	1	»	»	1	1	»	»	»	»	»	»	»	»	»
Souliers du modèle général (souliers arabes pour les spahis indigènes)	»	»	»	»	»	»	»	»	»	»	»	»	»	1

OBSERVATIONS.

H. Sur l'homme.
P. Dans le paquetage.

(7) Pour 2 cavaliers : une collection complète pour les cavaliers ordonnance d'officiers sans troupe.

(8) Est porté en sautoir ou lorsqu'il est vide mis dans le paquetage ; les conducteurs le placent dans leurs voitures.

(9) Tous les militaires isolés reçoivent un *nécessaire individuel de campement*, en remplacement de la gamelle individuelle.

(10) Pour les sous-officiers seulement.

(11) Cet ustensile, délivré à raison de un par peloton, est placé sur les fourgons.

(12) Pour 4 hommes.
Une marmite pour 4 hommes est délivrée aux escortes des quartiers généraux de division, de corps d'armée et d'armée.
Trois marmites à 4 hommes sont attribuées aux hommes de troupe marchant avec l'état-major du régiment.

(13) Pour deux cavaliers.
Un seau en toile par groupe de 4 hommes ou moins de 4 hommes, aux isolés des quartiers généraux et des états-majors de formation de campagne.
Chaque cavalier ordonnance d'officier sans troupe reçoit un seau en toile.

(14) Le nécessaire d'armes et la clef à crampon à vis sont emportés par les brigadiers seulement.

(A) Les chasseurs d'Afrique appelés en Europe, en cas de mobilisation, prennent la tenue de campagne des régiments de cavalerie de l'intérieur, avec les modifications suivantes : ils continuent à faire usage de la ceinture en laine, la veste remplace le dolman, le chéchia la calotte, la peau de bouc le bidon ; le sabre est porté à la ceinture.
Ils ne recevront pas de pétards de mélinite tant que le harnachement n'aura pas subi les modifications prescrites par la circulaire ministérielle du 14 août 1884.
Ils reçoivent des marmites de peloton en même temps que les voitures régimentaires.
Aucune modification n'est apportée au paquetage spécial des troupes de cavalerie opérant en Algérie.

Les *trompettes* emportent leur instrument muni de son cordon (armée active) et de sa courroie (régiments de réserve et armée territoriale).

(2) Dans le sac de l'homme placé dans la voiture qu'il conduit.

2ᵉ Troupe *(Suite).*

RÉGIMENTS DE CAVALERIE DE FRANCE ET CHASSEURS D'AFRIQUE (A).

		Cavalier monté		Cavalier non monté		Télégraphiste		Infirmier, porte-sacoches, conducteur de voitures médicales ou de transport des blessés		Ordonnances du colonel et du lieutenant-colonel		Conducteur de fourgons. Conducteur de la forge		Spahis	
DÉSIGNATION des EFFETS OU OBJETS.		H	P	H	P	H	P	H	P (*)	H	P (a)	H	P	H	P
CAMPE-MENT.	Bidon individuel avec quart adhérent, courroie et enveloppe (peau de bouc avec courroie pour chasseurs d'Afrique et spahis)	1	»	1	»	1	»	»	»	1	»	1	»	1	»
	Étui de gamelle individuelle	»	1	»	»	»	1	»	1	»	1	»	1	»	1
	Gamelle à 4 hommes (12)	»	»	»	»	»	»	»	»	»	»	»	»	»	1
	Marmite à 4 hommes (12)	»	»	»	»	»	»	»	»	»	»	»	»	»	1
	Marmite de peloton (11)	»	»	»	»	»	»	»	»	»	»	»	»	»	1
	Moulin à café (pour 15 hommes)	»	»	»	»	»	»	»	»	»	»	»	»	»	»
	Sachet à vivres	»	1	»	»	»	1	»	1	»	1	»	1	»	1
	Seau en toile	»	1(13)	»	»	»	1(13)	»	1	»	1	»	1(13)	»	»
ARME-MENT.	Carabine (3) et son nécessaire d'armes (14)	1	»	»	»	»	»	»	»	»	»	1	»	1	»
	Cuirasse	1	»	»	»	»	»	»	»	»	»	»	»	»	»
	Revolver et son nécessaire d'armes (14)	1	»	»	»	»	»	»	»	1(14)	»	»	»	1	»
	Sabre	1	»	»	»	»	»	»	»	»	»	»	»	1	»
	Lance (21)	»	»	»	»	»	»	»	»	»	»	»	»	»	»
MUNI-TIONS.	Paquets de cartouches pour carabine	3	5	8	»	»	»	»	»	»	»	8	5	8	5
	Paquets de cartouches pour revolver	2	3	»	»	2	3	»	»	2	3	»	»	2	3
	Pétards	»	1	»	»	»	»	»	»	»	»	»	1	»	1
VIVRES ET FOUR-RAGES (c)	Un repas d'avoine	»	1	»	»	»	1	»	1(15)	»	2(15)	»	2(15)	»	1
	5 rations de sucre et café	»	1	»	»	»	1	»	1	»	1	»	1	»	1
OUTILS (16)	Bride complète	»	1	»	»	»	»	»	1	»	»	»	»	»	»
	Couverture (17)	»	»	»	»	»	1	»	1	»	»	»	»	»	»
	Ferrure (18)	»	»	»	»	»	»	»	»	»	»	»	»	»	»
	Clef à crampon à vis (14)	»	»	»	»	»	»	»	»	»	»	»	»	»	»
HARNA-CHEMENT	Harnais complet (19)	»	»	»	»	»	»	»	»	»	»	»	»	»	»
	Musette-mangeoire (20)	»	»	»	»	»	1	»	1	»	»	»	»	»	»
	Selle complète	»	1	»	»	»	»	»	1	»	»	»	1	»	1
	Surfaix de couverture (17)	»	»	»	»	»	»	»	»	»	»	»	»	»	»
	Paquet individuel de pansement (b)	1	»	1	»	1	»	1	»	1	»	1	»	1	»

OBSERVATIONS.

H. Sur l'homme.
P. Dans le paquetage.

(15) L'avoine des chevaux d'attelage est placée sur leurs voitures.

(16) Par escadron, deux haches, deux pelles, quatre pioches, quatre scies articulées et une cisaille avec ses accessoires portées par les sapeurs et les élèves-sapeurs.

(17) Par cheval une couverture et un surfaix.

(18) Par cheval, 1/2 ferrure et 24 clous dont 16 à glace.

(19) Un harnais complet par cheval attelé.

(20) Par cheval, une musette-mangeoire.

(21) Les cavaliers du premier rang des régiments de dragons cadivisionnés sont armés de la lance.

(c) Non compris 2 jours de pain, 2 jours de petits vivres, 1 jour de viande de conserve, 1 portion de potage condensé, et 1 jour 1/2 d'avoine emportés au départ au titre des vivres de débarquement, et le foin et l'avoine également emportés au départ pour la nourriture des chevaux pendant leur transport en chemin de fer.

(a) Chaque homme de troupe doit toujours, en cas de guerre, être porteur d'un paquet individuel de pansement placé dans une des poches intérieures de la tunique, du dolman ou de la veste.

NOTA. — Tous les effets qui ne figurent pas au nombre de ceux que le cavalier porte sur lui ou de ceux qui composent son paquetage seront laissés en magasin.

La présente décision est applicable aux troupes d'Afrique appelées en Europe, en cas de mobilisation, et la décision du 25 mars 1884 (B. O., P. R.), aux troupes restant en Afrique.

ARTILLERIE ET TRAIN DES ÉQUIPAGES MILITAIRES.
(ARMÉE ACTIVE ET ARMÉE TERRITORIALE).

**1° Officiers d'artillerie et du train des équipages militaires,
Employés militaires de l'artillerie.**

DÉSIGNATION DES EFFETS OU OBJETS	OBSERVATIONS.
Officiers d'artillerie et du train des équipages militaires (8) et gardes d'artillerie montés. Képi. Vareuse. Culotte de drap avec bottes (1). Gants de couleur (2). Manteau et collet à capuchon (de drap ou de caoutchouc) (3). Revolver et son étui (4). Sabre et dragonne de cuir. (Epée sans dragonne pour les gardes d'artillerie.) Jumelle d'un modèle facultatif (5). *Harnachement.* Selle et bride complètes. Porte-sabre. Tapis, couverture placée sous le tapis. Bissac de campagne. Etui porte-avoine. Musette-mangeoire.	**(1) Jambières et Pantalon** Le port de la culotte avec jambières de drap et celui du pantalon sont autorisés dans les mêmes circonstances qu'en temps de paix. Les officiers, les employés militaires de l'artillerie, ainsi que les adjudants des troupes à pied, peuvent aussi faire usage des jambières en cuir noir avec des brodequins, ces chaussures étant munies d'éperons à la chevalière pour les officiers et les gardes d'artillerie montés. **(2) Gants.** — En peau de chien de nuance rouge-brun. **(3) Manteau.** — Le manteau est roulé en deux parties et fixé sur la selle; le collet mobile sur les sacoches. (4) Les officiers et employés de l'artillerie emportent en campagne 18 cartouches de revolver; ils placent 12 cartouches dans l'étui de revolver et les 6 autres dans la charge du cheval ou dans la caisse à bagages. (5) L'usage de la jumelle est facultatif pour les gardes d'artillerie et autres employés de l'artillerie. (6) Le manteau ou la capote sont portés en sautoir par les employés d'artillerie qui ne sont pas montés. (7) Les employés de l'artillerie non montés sont autorisés à faire usage d'une sacoche pouvant se porter indifféremment, soit en bandoulière, soit sur le dos comme le havresac. (8) Il est délivré un brassard de la convention de Génève aux officiers du train des équipages militaires attachés à une formation sanitaire.
Employés militaires de l'artillerie (gardes d'artillerie non-montés), contrôleurs d'armes, ouvriers d'état, gardiens de batterie, chefs armuriers. Képi. Vareuse. Pantalon de drap (1). Bottes ou brodequins. Gants de couleur (2). Manteau ou capote et collet à capuchon (de drap ou de caoutchouc) (6). Revolver et son étui (4). Epée sans dragonne. Jumelle d'un modèle facultatif (5). Sacoche (7).	**NOTA.** — Les officiers et les employés militaires sont autorisés à porter un col blanc avec une cravate en soie noire, au lieu du col blanc fixé à la doublure du collet de l'effet. Ils doivent toujours porter, en cas de guerre, *un paquet individuel de pansement.* *Officiers des batteries alpines.* — En sus des effets et objets ci-dessus, les officiers des batteries alpines sont autorisés à porter sous la vareuse ouverte un gilet en drap avec boutons métalliques. Ils peuvent faire usage de bandes molletières du modèle de la troupe aux lieu et place de jambières. Ils portent obligatoirement en campagne, facultativement dans les manœuvres alpines du temps de paix, le béret du modèle de la troupe. Ils doivent être munis d'une canne ferrée et d'une boussole-breloque.

2° Troupe (A).

DÉSIGNATION DES EFFETS OU OBJETS.	ARTILLERIE				TRAIN DES ÉQUIPAGES			
	Hommes montés		Hommes non montés		Hommes montés		Hommes non montés	
	H	P	H	P	H	P	H	P
Plaque d'identité avec cordon	1	»	1	»	1	»	1	»
Bandes molletières (1)	»	»	1	»	»	»	»	»
Bâton ferré (1)	»	»	1	»	»	»	»	»
Habillement. Bourgeron de toile (galonné pour les gradés)	»	1(4)	»	1(4)	»	1(4)	»	1
Capote-manteau	»	»	»	1	»	»	»	1
Ceinture de flanelle	1	»	1	»	1	»	1	»
Ceinture de laine (1)	1	»	1	»	»	»	»	»
Dolman (2)	1	»	1	»	1	»	»	»
Jersey (1)	1	»	1	»	»	»	»	»
Manteau	»	1	»	»	»	1	»	»
Pantalon d'ordonnance	»	»	1	»	»	»	1	»
Pantalon de cheval (3)	1	»	»	»	1	»	»	»
Veste	1(4)	»	1(4)	»	1(4)	»	1	»
Coiffure. Calotte de drap (galonnée pour les gradés)	»	1	»	1	»	1	»	1
Képi (béret pour les alpins)	1	»	1	»	1	»	1	»
Grand équipement. Bretelle de carabine ou de mousqueton	»	»	1(5)	»	»	1(6)	1	»
Cartouchières	»	»	2(5)	»	»	»	»	»
Ceinturon	1	»	1	»	1(7)	»	1	»
Dragonne de sabre	»	1	1(8)	»	1(7)	»	»	»
Étui et lanière de revolver	1	»	1(9)	»	1(9)	»	»	»
Giberne avec banderole	»	»	»	»	1(6)	»	1	»
Havresac (11)	1(10)	»	1(10)	»	1(10)	»	1(10)	»
Petit équipement. Bretelles (paire)	1	»	1	»	1	»	1	»
Brodequins (paire) (13)	1(12)	1	1	»	1(12)	1	1	»
Caleçon	1	1	1	1	1	1	1	1
Chemise	1	1	1	1	1	1	1	1
Courroie de capote ou manteau	»	1	»	1	1	»	»	1
Cravate	1	»	»	»	1	»	»	»
Effets de pansage (15). Brosse en crin	»	1(4)	»	1(19)	»	1(4)	»	1
Ciseaux	»	1(2)	»	1(14)	»	1(2)	»	»
Corde à fourrages	»	1	»	1(19)	»	1	»	1
Éponge	»	1	»	1(19)	»	1(4)	»	1
Étrille	»	1(4)	»	1(19)	»	1(4)	»	1
Musette de pansage	»	1(4)	»	1(19)	»	1(4)	»	1
Sac à avoine	»	1	»	1(19)	»	1	»	1
Torchon-serviette	»	1(4)	»	1(19)	»	1(4)	»	1
Effets de petite monture. Boîte à graisse (16)	»	1	»	1	»	1	»	1
Brosse à habits (16)	»	1	»	1	»	1	»	1
Brosse d'armes (16)	»	1	»	1	»	1	»	1
Brosse double à chaussure (16)	»	1	»	1	»	1	»	1
Cuiller	»	1(17)	»	1	»	1(17)	»	1
Trousse garnie (sans glace)	»	1	»	1	»	1	»	1
Étui-musette	»	1(17)	1	»	»	1(17)	1	»
Fouet	1(18)	»	1(19)	»	1(19)	»	1(19)	»
Gamelle individuelle (nécessaire individuel de campement pour tous les isolés)	»	1	»	1	»	1	»	1
Guêtres de toile (paire)	2	»	»	1	»	1	»	1
Livret individuel	»	1	»	1	»	1	»	1
Morceau de savon	»	1	»	1	»	1	»	1
Mouchoir	1	1	1	1	1	1	1	1
Pantalon de treillis	»	1	»	1	»	1	»	1
Petite-besace	»	1(21)	»	»	»	1(21)	»	1(21)
Quart	1	»	1	»	»	»	1	»
Sifflet de signal	»	»	»	1	1(22)	»	»	»
Souliers (paire)	»	»	»	1	»	»	»	1
Sous-pieds (pour guêtres) (paire)	»	»	»	1	»	»	»	1
Campement (20). de rechange pour pantalon de cheval (paire)	»	1	»	»	»	1	»	»
Étui et courroie de gamelle (23)	»	1	»	»	»	1	»	1
Étui et courroie de marmite (23)	»	1	»	1	»	1	»	1
Gamelle de campement (24 bis)	»	1	»	1	»	1	»	1
Hachette (25)	»	1	»	1	»	1	»	1
Marmite de campement (24)	»	1	»	1	»	1	»	1

(H) L'homme aura sur lui.
(P) Paquetage de l'homme ou charge du cheval.

OBSERVATIONS.

(A) Voir page 27.

(1) Pour les batteries alpines seulement.

(2) Pour les sous-officiers et brigadiers fourriers seulement; les sous-officiers et brigadiers fourriers des batteries alpines reçoivent une veste en remplacement du dolman.

(3) Les sous-officiers montés et le brigadier maréchal ferrant dans les batteries alpines font usage du pantalon d'ordonnance avec bandes molletières, en remplacement du pantalon de cheval.

(4) À l'exception des sous-officiers et des brigadiers fourriers.

(5) À l'exception des maréchaux des logis chefs des bataillons d'artillerie à pied, des compagnies d'ouvriers et d'artificiers des batteries à pied d'Afrique qui sont armés du revolver et du sabre de cavalerie légère, ainsi que des sous-officiers non montés des batteries alpines qui sont armés du revolver et du sabre série Z.

(6) À l'exception des sous-officiers, brigadiers fourriers, trompettes, maréchaux ferrants et soldats ordonnances des officiers énumérés à la page 13, lesquels sont armés du revolver.

(7) À l'exception des soldats ordonnances énumérés à la page 13.

(8) Pour les maréchaux des logis chefs des bataillons d'artillerie à pied, des batteries à pied d'Afrique et des compagnies d'ouvriers et d'artificiers qui portent le sabre de cavalerie légère.

(9) Pour les militaires de l'arme qui sont énumérés au renvoi 5 pour l'artillerie, au renvoi 6 pour le train.

(10) Pour les hommes montés de l'artillerie voyageant à pied et les hommes non montés; les hommes montés et non montés du train voyageant à pied.
Les maréchaux des logis chefs et les sous-officiers rengagés des batteries et compagnies d'artillerie dans lesquelles ces cadres ne sont pas montés, portent le havresac mi campagne.

(11) Le havresac est porté sur les voitures quand l'ordre en est donné.

(12) Avec éperons; les sous-officiers montés et le brigadier maréchal dans les batteries alpines font usage d'éperons à la chevalière.

(13) Dans les batteries, sections de munitions et de parc, compagnies du train des équipages militaires, un approvisionnement de 20 paires de brodequins éperonnés de rechange est transporté par les voitures (non éperonnés pour les batteries de montagne).

(14) Seulement pour les sous-officiers non montés des batteries de montagne.

(15) Les hommes montés voyageant à pied et en général les conducteurs de l'artillerie et les cavaliers du train qui n'ont point d'animaux à conduire et à panser ne reçoivent point d'effets de pansage; ils emportent seulement une musette et un sac à avoine.

(16) Pour 2 hommes; une collection complète pour les soldats ordonnances des officiers sans troupe.

(17) Quand ces effets ne sont pas sur l'homme.

(18) Pour les conducteurs seulement, à l'exclusion des ordonnances d'officiers et des conducteurs en guides.

(19) Distribué seulement aux conducteurs de mulets de bât.

(20) Voir page 27, renvoi D.

(21) Pour les hommes non pourvus d'un havresac, à l'exclusion des sous-officiers et des brigadiers fourriers.

(22) Pour les sous-officiers et brigadiers seulement.

(23) Par ustensile.

(24) Pour 4 hommes.

(24 bis) Pour 8 hommes dans les batteries à pied et les compagnies d'ouvriers et d'artificiers; pour 4 hommes dans toutes les autres unités.

(25) Une pour 8 hommes, excepté dans les batteries montées et à cheval, dont les hommes peuvent disposer des haches et hachettes portées par les voitures.

DÉSIGNATION DES EFFETS OU OBJETS	ARTILLERIE HOMMES montés H	ARTILLERIE HOMMES montés P	ARTILLERIE HOMMES non montés H	ARTILLERIE HOMMES non montés P	TRAIN DES ÉQUIPAGES HOMMES montés H	TRAIN DES ÉQUIPAGES HOMMES montés P	TRAIN DES ÉQUIPAGES HOMMES non montés H	TRAIN DES ÉQUIPAGES HOMMES non montés P
Campement (20) (Suite). Moulin à café (26)	»	1	»	1	»	1	»	1
Petit bidon de 1 litre avec courroie et enveloppe	1	»	1	»	1	»	1	»
Sac à distribution (27)	»	»	»	»	»	»	»	»
Sachets pour vivres de réserve	»	2	»	2	»	2	»	2
Seau en toile (28)	»	1	»	1	»	1	»	1
Armement (c). Carabine	»	»	»	»	»	1(6)	1	»
Mousqueton	»	»	1(5)	»	»	»	»	»
Revolver	1	»	1(9)	»	1(9)	»	»	»
Nécessaire d'arme (pour carabine, mousqueton ou revolver)	»	1(29)	»	1(30)	»	1(24)	»	1(24)
Sabre — baïonnette	»	»	1(5)	»	»	»	1	»
Sabre — de cavalerie légère	»	1	1(9)	»	»	1(7)	»	»
Munitions. Paquets de cartouches — de carabine	»	»	»	»	3(6)	3(6)	3	3
Paquets de cartouches — de mousqueton	»	»	2(5)	1(5)	»	»	»	»
Paquets de cartouches — de revolver	2	1	2(9)	1(9)	2(31)	3(31)	»	»
Vivres et fourrages de réserve (D). du sac ou du bissac — 2 jours de biscuit	»	1	»	1	»	1	»	1
2 jours de petits vivres	»	1	»	1	»	1	»	1
2 jours de viande de conserve (32)	»	1	»	1	»	1	»	1
1 jour d'avoine (33)	»	1	»	1(19)	»	1	»	1
Deux portions de potage condensé	»	1	»	1	»	1	»	1
Harnachement (34). Bissac	»	1(35)	»	»	»	»	»	»
Couverture	»	1	»	1(19)	»	1	»	1
Ferrure	»	1(36)	»	1(37)(19)	»	1(37)	»	1(37)
Harnachement de selle, de trait ou de bât	»	1	»	1(19)	»	1	»	1
Musette-mangeoire	»	1	»	1(19)	»	1	»	1
Surfaix	»	1	»	1(19)	»	1	»	1
Etui porte-avoine	»	1(38)	»	»	»	»	»	»
Paquet individuel de pansement (E)	1	»	1	»	1	»	1	»

OBSERVATIONS.

(H) L'homme aura sur lui.
(P) Paquetage de l'homme ou charge du cheval.

(26) Pour 15 hommes.

(27) 6 par batterie de campagne ou de montagne, par section de munitions ou de parc, par compagnie du train; 1 par 8 hommes dans les bataillons d'artillerie à pied et dans les compagnies d'ouvriers et d'artificiers. 1 sac à distribution par groupe d'isolés des quartiers généraux et des états-majors de formation de campagne comprenant au moins 4 hommes.

(28) 1 pour 2 hommes : pour les hommes montés et non montés du train, les hommes montés de l'artillerie et les conducteurs des batteries de montagne; 1 pour 4 hommes pour les autres hommes non montés de l'artillerie. 1 seau en toile par groupe de 4 hommes ou moins de 4 hommes aux isolés des quartiers généraux et des états-majors de formation de campagne; Chaque soldat ordonnance d'officier sans troupe reçoit un seau en toile.

(29) Seulement aux brigadiers, artificiers et maréchaux ferrants des batteries à cheval.

(30) 1 par 2 servants dans les batteries montées; 1 par 4 hommes dans les autres unités.

(31) Pour les militaires énumérés au renvoi 6, à l'exception des soldats ordonnances des officiers énumérés à la page 13, qui ne reçoivent qu'un seul paquet.

(32) Une boîte pour 2 hommes.

(33) 1 jour par animal; portée par les voitures des batteries, sections de munitions et de parc, compagnies du train. En plus, éventuellement, l'avoine de route dans le bissac ou l'étui porte-avoine.

(34) 1 par animal.

(35) Aux sous-verges seulement.

(36) Demi-ferrure et 16 clous par cheval.

(37) Une ferrure et 32 clous par animal.

(38) Aux chevaux de selle seulement.

(A) Les *adjudants* ont la même tenue que les officiers de leur arme, moins la culotte et les bottes à l'écuyère; ces effets sont remplacés par le pantalon de cheval et les bottes avec éperons; l'usage de la jumelle est pour eux facultatif.
Les médecins auxiliaires attachés aux troupes de l'artillerie portent l'uniforme des sous-officiers de cette arme avec les attributs spéciaux déterminés par la décision ministérielle du 19 mai 1886.
Il est délivré un brassard :
1° Aux infirmiers régimentaires, aux sous-officiers et soldats du train attachés à une formation sanitaire, aux conducteurs de voitures médicales régimentaires et aux soldats-ordonnances des médecins (ce brassard, qui est celui de la convention de Genève, leur confère la neutralité);
2° Aux brancardiers régimentaires (ce dernier brassard ne confère pas la neutralité).

Les trompettes emportent leur instrument muni de son cordon (armée active) et de sa courroie (armée territoriale).

(B) Dans certains cas, les troupes sont pourvues de couvertures de campement et de sacs tentes-abris avec accessoires.
Les soldats ordonnances des officiers sans troupe reçoivent un nécessaire individuel de campement en remplacement de la gamelle individuelle.

(C) Les soldats ordonnances des officiers énumérés à la page 13 ne reçoivent pas de sabre; ils font exclusivement usage du revolver, à l'exception des ordonnances des médecins autres que ceux des corps de troupe.

(D) Non compris 2 jours de pain, 2 jours de petits vivres et 1 jour d'avoine emportés au départ au titre des vivres de débarquement et le foin et l'avoine également emportés au départ pour la nourriture des chevaux pendant leur transport en chemin de fer.

(E) Chaque homme de troupe doit toujours, en cas de guerre, être porteur d'*un paquet individuel de pansement* placé dans une des poches intérieures du dolman ou de la veste.

NOTA. — Tous les effets qui ne figurent pas au nombre de ceux que la troupe doit emporter en campagne sont laissés en magasin.
La présente décision est applicable aux troupes d'Afrique appelées en Europe en cas de mobilisation, et la décision ministérielle du 25 mars 1884 (B. O., p. R.) aux troupes restant en Afrique.

GÉNIE (*Armée active et armée territoriale*).

1° Officiers (état-major particulier et troupes), adjoints du génie, adjudants et employés militaires du génie.

DÉSIGNATION DES EFFETS OU OBJETS.	OBSERVATIONS.
Officiers, adjoints du génie, adjudants. — *Montés.* Képi. Tunique ample (vareuse pour les employés militaires) (A). Culotte de drap avec bottes (1), (pantalon de cheval et bottes avec éperons pour les adjudants de sapeurs-conducteurs). Capote (2) ou manteau (3) avec collet à capuchon de drap ou de caoutchouc (A). Revolver et son étui (4). Epée (sabre pour les officiers et les adjudants de sapeurs-conducteurs). Dragonne de cuir. Epée sans dragonne pour les adjoints du génie. Gants de couleur (5). Jumelle d'un modèle facultatif (6). *Harnachement.* Selle et bride complètes. Porte-sabre. Tapis (excepté pour les adjudants de sapeurs-conducteurs). Couverture placée sous le tapis. Bissac de campagne. Etui porte-avoine. Musette-mangeoire. *Non montés.* Képi. Tunique ample (vareuse pour les employés militaires) (A). Pantalon de drap (1). Bottes ou brodequins. Capote avec collet à capuchon de drap ou de caoutchouc (7) (A). Revolver et son étui (4). Epée avec dragonne de cuir. Epée sans dragonne pour les adjoints du génie et les adjudants. Gants de couleur (5). Jumelle d'un modèle facultatif (6). Sacoche (8). **Ouvriers d'état, portiers consignés.** Képi. Vareuse. Pantalon de drap. Capote (9). Bottes ou brodequins. Epée sans dragonne. Sacoche (8).	(A) Les officiers et les adjudants des corps de troupe portent obligatoirement en campagne la capote en drap gris de fer bleuté du modèle de la troupe, soit par dessus la tunique ample, soit sans celle-ci. Ils portent ce dernier effet dans toutes les circonstances où la troupe est revêtue de la veste. Les dispositions qui précèdent seront appliquées au fur et à mesure de la mise en service, dans la troupe, de la capote en drap gris de fer bleuté. (1) *Jambières.* — Les officiers (état-major particulier et troupes), les adjoints et les adjudants des troupes à pied du génie sont autorisés à porter sur la culotte ou sur le pantalon des jambières en cuir noir avec des brodequins; ces chaussures seront munies d'éperons à la chevalière pour les officiers et les adjoints montés. Les officiers et les adjoints du génie montés sont autorisés à faire usage avec la culotte, en dehors du service et dans tout service à pied, où le pantalon d'ordonnance peut être porté, de jambières en drap simulant le bas du pantalon. Le port facultatif des jambières en drap est étendu aux adjoints et aux adjudants des troupes à pied du génie lorsqu'ils font usage de la culotte avec les jambières en cuir. (2) La capote est roulée contre le troussequin de la selle sur le prolongement des bandes. (3) Le manteau est roulé en deux parties et fixé sur la selle; le collet mobile sur les sacoches. (4) Les officiers, les adjoints du génie et les adjudants emportent en campagne 18 cartouches de revolver; ils placent 12 cartouches dans l'étui de revolver et les 6 autres dans la charge du cheval ou dans la caisse à bagages. (5) En peau de chien de nuance rouge brun. (6) L'usage de la jumelle est facultatif pour les adjoints du génie et les adjudants. (7) La capote est portée en sautoir par les officiers, les adjoints et les adjudants non montés. (8) Les officiers, les adjoints et les adjudants du génie non montés ainsi que les employés militaires du génie sont autorisés à faire usage d'une sacoche pouvant se porter indifféremment soit en bandoulière, soit sur le dos comme le havresac. (9) Dans le service, la capote est portée quand l'ordre en est donné. En dehors du service, le port de ce vêtement est facultatif. *Officiers des détachements alpins.* — En sus des effets ou objets ci-dessus, les officiers des détachements alpins sont autorisés à porter sous la tunique ample ouverte un gilet en drap avec boutons métalliques. Ils peuvent faire usage de bandes molletières du modèle de la troupe aux lieu et place de jambières. Ils portent *obligatoirement* en campagne, *facultativement* dans les manœuvres alpines du temps de paix, le béret du modèle de la troupe. Ils doivent être munis d'une canne ferrée et d'une boussole-breloque. NOTA. — Les officiers et les employés militaires sont autorisés à porter un col blanc avec une cravate en soie noire, au lieu du col blanc fixé à la doublure du collet de l'effet. Ils doivent toujours porter, en cas de guerre, un *paquet individuel de pansement*.